HERRAMIENTAS PARA CIENCIAS

Marla Conn y Alma Patricia Ramirez

Rourke Educational Media

A Division of Carson Dellosa Education

Glosario de fotografías

 **balanza**

 **matraz**

 **computadora**

 **imán**

 **lupa**

 **regla**

Usamos herramientas en ciencias.

balanza

Esta es una **balanza**.

Usamos herramientas en ciencias.

lupa

Esta es una **lupa**.

7

Usamos herramientas en ciencias.

regla

Esta es una **regla**.

Usamos herramientas en ciencias.

computadora

Esta es una **computadora**.

Usamos herramientas en ciencias.

matraz

Este es un **matraz.**

13

Usamos herramientas en ciencias.

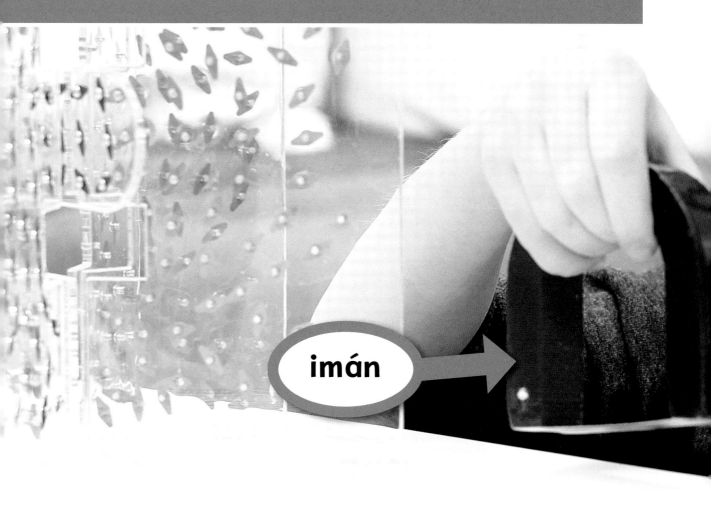

imán

Este es un **imán**.

Actividad

1. Vuelve a leer la historia con un compañero.

2. Habla de las herramientas para ciencias y de cómo se usan.

3. Elige una herramienta para ciencias de la historia que corresponda a cada oración.

   - Esta herramienta me ayuda a encontrar información.

   - Esta herramienta me ayuda a saber cuánto tiempo tarda algo.

   - Esta herramienta me ayuda a ver objetos pequeños.

   - Esta herramienta me ayuda a saber cuánto líquido hay.

   - Esta herramienta me ayuda a saber cuánto pesa algo.

   - Esta herramienta me ayuda a saber si algo es de metal.